ZEIT✦MAGAZIN

LIEBES GESCHICHTEN

Die bewegendsten Erzählungen aus
»Lexikon der Liebe«

ZEIT MAGAZIN

LIEBES GESCHICHTEN

Die bewegendsten Erzählungen aus
»Lexikon der Liebe«

Inhalt

Vorwort

Jede Liebesgeschichte ist besonders. Und jede ist es wert, erzählt zu werden. Das war der Grundgedanke, als wir im Januar 2021 unsere neue Kolumne »Lexikon der Liebe« im ZEIT*magazin starteten. Jetzt sind wir bei 100 Folgen angelangt – 100 Geschichten von ersten Küssen und großen Verlusten, vom Finden und Verlassenwerden, von unverhofftem Glück und schmerzhaften Zurückweisungen. Es geht um die ganz großen Gefühle: Mut und Risikobereitschaft, Verzagtheit und Überwindung.*

Was uns besonders freut: Es sind die Geschichten unserer Leserinnen und Leser. Fast alle Liebesgeschichten entstehen aus Zuschriften, die wir zu der Kolumne erhalten. Sie sind aus dem Leben gegriffen, und wir finden, das merkt man ihnen auch an.

Unsere Hoffnung hat sich erfüllt – wirklich jede Geschichte ist erzählenswert. Und sogar eine Ehe haben wir schon gestiftet: Eine Geschichte, die auch hier im Buch gedruckt ist, enthielt einen versteckten Heiratsantrag. Das Hochzeitsfoto haben wir später auch zugeschickt bekommen – ein schöner Ansporn für die nächsten 100 Folgen.

Anna Kemper,
stellv. Chefredakteurin, ZEIT*magazin*

Hinweis: Zur Wahrung der Privatsphäre haben wir die Namen in den Geschichten geändert und die Stellen in den Texten mit Sternchen markiert.

———————

»Was mit meinem Herzen passierte,
wie ich mich fühlte, die Freude, das
Vermissen und auch der Schmerz:
Das alles ist für mich pure Liebe.«

———————

Sehnsucht

Monika*, 77:

»Die Sehnsucht, wenn man jünger ist, ist anders. Mehr Herzklopfen und Schmetterlinge. Jetzt ist sie abgeklärter, weil man weiß, dass man zusammengehört. Damals, in meinem letzten Studienjahr in Leipzig, war ich oft einsam, in dem kleinen Zimmerchen mit Ofen, Bett und mit dem dicken Bauch. Im Juli 1964 haben Wolfgang und ich geheiratet, im November ist er dann zur Nationalen Volksarmee eingezogen worden, Grenzbrigade Küste, und wir konnten das Gemeinsame gar nicht richtig erleben. Deshalb haben wir uns jeden Tag geschrieben. Manchmal hat er mehrere Briefe auf einmal von mir bekommen, weil das Schiff nicht immer auf die Greifswalder Oie, die Insel, auf der er stationiert war, gefahren ist. Dass ich schwanger war, habe ich ihm per Brief mitgeteilt. Das klingt heute völlig absurd. Aber die Briefe waren die einzige Möglichkeit, uns unsere Sehnsucht mitzuteilen. Die war immer da, wenn der andere nicht da war. Wenn sie nicht da ist, liebt man sich vielleicht nicht richtig.

Wenn ich nach Dresden gefahren bin, in unser gemeinsames Zuhause, und wusste, dass er kommt, klopfte mein Herz, und die Schmetterlinge waren da. Dann schaltet sich das Gehirn aus. Um den Weg zu mir abzukürzen, ist er vor dem Bahnhof vom Zug abgesprungen, in die Böschung beim Kino Schauburg, wo der Zug langsamer fuhr. Ich kann mich noch an das Geräusch der Schritte erinnern, bevor er um die Ecke kam. Eineinhalb Jahre haben wir uns geschrieben. Die Briefe waren unser Halt. Sie haben uns Kraft gegeben weiterzumachen, wenn es mal kompliziert war. Aber da muss auch immer eine Grundeinstellung sein, dass du den anderen achtest und liebst, dass man zusammengehört. Ich hatte nur einen einzigen Mann in meinem Leben, und trotz der vielen Gegensätze sind wir seit 56 Jahren verheiratet. Die Briefe habe ich noch, nach Datum sortiert. Seit ein paar Jahren lesen wir sie uns gegenseitig vor.«

Aufgezeichnet von Fatima Njoya

Erste Liebe

Ahmad*, 18

»Die erste Liebe ist anders als im Film. Da verlieben sich die Menschen auf den ersten Blick und sind sofort zusammen. Aber in der Realität muss man sich erst kennenlernen. Sonst ist man nicht wirklich verliebt, sondern will nur einen Freund oder eine Freundin haben. Meine Freundin ist 16 Jahre alt, seit zwei Jahren sind wir zusammen. Wir haben uns in Berlin kennengelernt, bei den Proben für ein Theaterstück über geflüchtete Jugendliche. Sie ist vor drei Jahren aus Bangladesh nach Deutschland gekommen, ich kam vor fünf Jahren aus Afghanistan.

Sie war bei den Proben immer sehr schüchtern. Aber irgendwann habe ich angefangen, mit ihr zu reden, weil ich sie sympathisch fand. Nach einer Woche habe ich ihr gesagt, dass ich sie mag. Das war auf der Schönhauser Allee, sie hat nur gelacht. Auf dem Weg nach Hause habe ich gedacht, ich habe es verkackt. Aber später am Handy hat sie es dann auch gesagt. Da war ich erleichtert. Für mich ist sie ein normales, perfektes Mädchen. Ein Mädchen, das frei sein möchte und sich von niemandem etwas sagen lässt. Sie ist auch sehr schlau. Sie bringt mich immer zum Lachen, auch wenn uns etwas Doofes passiert. Einmal sind wir beide im Regen ausgerutscht, wir waren komplett nass und dreckig, aber konnten mit dem Lachen überhaupt nicht mehr aufhören.

Dass sie mich liebt, hat sie mir nach zwei Monaten gesagt. Eigentlich wollte ich es ihr da auch schon eine Woche lang sagen, aber ich habe mich nicht gleich getraut zu antworten. Erst zwei Stunden später habe ich gesagt, dass ich sie auch liebe. Sie hat mich auch zuerst geküsst. Ganz kurz, dann ist sie weggerannt, und ich war sehr glücklich.

Es ist auch schwer, das erste Mal verliebt zu sein. Wenn wir uns mal streiten, tut das gleich weh. Aber wenn man zusammen ist, denkt man, man hat alles und braucht nichts anderes.«

Aufgezeichnet von Valerie Schönian

Zerstörung

Mia*, 30:

»In einer toxischen Beziehung zu sein bedeutet, ein Leben zu führen, das sich nicht wie das eigene anfühlt. Mein Ex-Freund und ich waren am Anfang übelst verliebt ineinander, genau wie es sein soll. Die ersten Wochen waren so perfekt, dass ich immer dahin zurückwollte. Doch eigentlich war die gute Zeit sehr schnell vorbei. Er liebte mich. Aber er hat so viele Probleme mit sich selbst. Und begann, das an mir auszulassen.

Er wurde laut, wenn wir uns stritten. Dann sagte er gemeine Sachen. Er begann, irgendwo gegenzuschlagen, Türrahmen, Wände. Dann Dinge umzuwerfen, einen Wäscheständer oder einen Stuhl. Als er einmal mit der Faust einen Riss in seinen Schreibtisch schlug, habe ich mir gesagt: Sobald er bei mir zu Hause irgendetwas kaputt macht, beende ich es. Das ist ja kein normaler Gedanke, oder? Mit so etwas schon zu rechnen? Als es dann passiert ist, dachte ich trotzdem nur: Verdammt, jetzt musst du es beenden – aber du willst gar nicht.

Das ist das Gruselige: Liebe muss nicht mal durch Gewalt enden. Es war spät. Wir stritten bei mir, ich saß auf der Couch; und dann begann er, vor mir mein Wohnzimmer zu zerlegen. Warf eine Schüssel, eine Tasse und ein Glas auf den Boden, sodass zwei Dellen im Laminat zurückblieben. Eine Kanne auch, in der noch Kaffee war. Dann schmiss er den Tisch um und trat darauf ein. Kurz darauf stand eine Polizeibeamtin in meinem Wohnzimmer zwischen den Scherben und dem Kaffee überall, ich ihr im Nachthemd gegenüber. Eine Nachbarin muss sie gerufen haben. Sie fragte, ob ich Anzeige erstatten wolle, und ich dachte, das kann doch nicht mein Leben sein.

Ich dachte auch, nach so was muss es doch leicht sein, sich zu trennen. Aber erst nach Wochen erzählte ich einem Freund von diesem Abend, um mich zur Trennung zu zwingen. Ich bin gegangen, es ist immer noch schwer. Aber gerade deswegen bin ich stolz auf mich.«

Aufgezeichnet von Valerie Schönian

Füreinander da sein

Mario*, 28:

»Ich glaube, es gibt immer die eine Beziehung, die so besonders ist, dass sie sich von den anderen unterscheidet. Als meine Freundin mich vor vier Jahren kennenlernte, war ich noch jemand anderes. Damals hatte ich eine helle Stimme und Brüste, die ich unter weiten Pullis versteckte. Aber schon seit ich Kind war, weiß ich, dass das, was ich im Spiegel sehe, nicht damit übereinstimmt, wer ich bin.

Meine Freundin wusste, ich werde den Weg gehen: erst Testosteron, dann die Operationen. Sie hat mich über den kompletten Prozess hinweg unterstützt. Sie war für mich da, wenn es mir schlecht ging. Sie lag neben mir, als ich zum ersten Mal den Verband um meine Brust abnahm. Zu sehen, wie ich endlich immer mehr der wurde, der ich längst bin, war für sie genauso spannend wie für mich.

Es ist nicht so, dass ich gesagt habe, ab dem Tag bin ich Mario, ab dem Tag ist alles neu. Es gab auch nicht den einen ersten Kuss als Mann – meine Freundin war ja die ganze Zeit während meiner Transition schon da.

Der Sohn meiner Freundin hat mich irgendwann das erste Mal Papa genannt. Es hätte nicht besser laufen können, uns gab es nur noch zu dritt. Das war es, was ich immer wollte.

Heute sind seine Mutter und ich nicht mehr zusammen. Aber drei Jahre lang durfte ich Vater sein. Für mich bedeutet das, dass ich eine Verantwortung angenommen habe, die ich ein Leben lang tragen werde. Wenn der Kleine mich sucht, weil er weiß, dass ich sein Papa bin, werde ich für ihn da sein.

Ich trauere der Beziehung nicht nach. Es ist eher ein anderes Gefühl: Wir waren einander so nah, sie war mir so wichtig – und auf einmal ist das nicht mehr so.

Ich glaube aber, dass es sie gibt, die eine große Liebe. Vor Kurzem erst hatte ich das Gefühl, dass sie es sein könnte. Vor einer halben Stunde habe ich sie zuletzt geküsst.«

Aufgezeichnet von Julia Reinl

Erster Eindruck

Benjamin*, 37:

»Vor fünf Jahren feierte ich am Altweiber-Donnerstag in der kleinen Düsseldorfer Altstadtkneipe Nähkörbchen zusammen mit bestimmt 400 verkleideten Personen. Im Gedränge traf ich zufällig einen Bekannten. Er stellte mir einen Freund vor, den ich unsympathisch fand. Das lag an seinem Kostüm: Er war als Kapitän verkleidet, mit Kapitänsmütze und Jackett. Bei Schwulen ist eigentlich das Matrosenkostüm eine übliche Verkleidung, und mein erster Gedanke war: Was will er denn mit diesem Outfit zum Ausdruck bringen? Dass er Chef sein und den Kurs vorgeben will? Das passte zu dem, was ich bereits über ihn gehört hatte. Ich dagegen war als Robin verkleidet, Batmans jugendlicher Begleiter, mit Strumpfhose, Cape und einem großen R auf der Brust.

Ich sagte gut hörbar zu dem Bekannten, der uns einander vorstellte, dass ich mit einem solchen Gernegroß nicht reden möchte. Darauf sagte der Kapitän abschätzig, dass ich ja auch nur Batmans Gehilfen darstellen würde. Ausgehend davon haben wir uns eine Stunde lang gestritten. Das klingt vielleicht simpel, aber es ist so, dass man mit seinem Kostüm entweder darstellen möchte, was man im Alltagsleben nicht ist – oder man verkleidet sich als etwas, was man gern sein möchte. Im ersten Fall hat das nichts mit den eigenen Eigenschaften zu tun, aber im zweiten Fall kann es zu einem passen. So war es bei uns. Deshalb ist uns diese jeweilige Interpretation nahegegangen.

Am Rosenmontag trafen wir uns zufällig wieder, im folgenden Mai kamen wir zusammen, und vergangenen März haben wir geheiratet. Heute weiß ich: Am ersten Eindruck war was dran. Mein Mann ist ein extrovertierter Mensch, ein Macher, er lässt Dinge nicht einfach geschehen. Ich bin eher fürsorglich und unterstützend. Heute schätzen wir diese Eigenschaften am anderen. Karneval feiern wir immer zusammen. Einmal habe ich sogar sein Kapitänskostüm tragen dürfen.«

Aufgezeichnet von Luisa Jabs

Tinder

Giulia*, 24:

»Ich habe mir Tinder vor ungefähr fünf Jahren runtergeladen. Eher aus Langeweile, nicht weil ich dort die große Liebe finden wollte. Ich merkte schnell, dass ich ein Händchen habe für Männerbekanntschaften dort – mit den meisten erreichte ich schnell eine tiefere Ebene in den Chats, schrieb mit ihnen über Musik oder zu aktuellen Themen. Wenn's gut lief, wechselten wir zu Instagram oder WhatsApp und schrieben dort weiter. Mittlerweile gibt es ein paar Matches, mit denen kommuniziere ich schon seit über einem Jahr. Für mich ist das wie eine moderne Form der Brieffreundschaft. Es entwickelt sich im Laufe der Zeit eine Art Zuneigung, man vertraut einander persönliche Dinge an. Und es entsteht auch eine erschreckende Verbundenheit zu diesen eigentlich fremden Menschen. Ich hab mich sogar schon mal dabei ertappt, dass ich bei einem realen Date mit einem Typen, den ich zufällig in einer Bar kennengelernt hatte, an jemanden denken musste, mit dem ich auf Tinder schreibe. Das hat sich fast angefühlt wie ein Betrug.

Viele meiner Freunde verstehen nicht, warum ich mich mit meinen Tinder-Bekanntschaften nicht treffe. Aber irgendwie ist da so eine Blockade bei mir. Ich kann Komplimente und das Gefühl, erobert zu werden, digital viel besser zulassen. Beim Schreiben habe ich die Kontrolle und kann die Gespräche lenken, das funktioniert bei einem spontanen Kaffee um die Ecke nicht so gut.

Bei vielen Matches spüre ich irgendwann eine Erwartungshaltung, auf die ich keine Lust habe. Meine größte Angst bei Tinder ist, dass ein Date zu einer riesigen Enttäuschung wird. Ich will nicht mit einem gebrochenen Ego nach Hause gehen. Vermutlich versuche ich deshalb, das Ganze als Spiel zu betrachten. So fällt es mir leichter, die Frage nach einem Treffen zu verneinen und mein digitales Gegenüber lautlos vom Screen und aus meiner Welt verschwinden zu sehen.«

Aufgezeichnet von Tamara Salathé

Innigkeit

Eileen*, 32:

»Wenn man bedingungslose Liebe nicht kennt, kann man sich nicht vorstellen, dass es sie gibt. Meine Kindheit war lieblos. Meine Mutter war cholerisch, mein Vater hat sich eher zurückgezogen, er war im Grunde nicht vorhanden. Sie haben viel gestritten. Wenn ich als Kind wütend war, und das war ich oft, wurde ich ins Gästebad gesperrt. Wo diese Wut herkam, hat sich keiner gefragt. Alles, was meine Schwester und ich an Gefühlen oder Ängsten empfanden, wurde heruntergespielt. So lernt man nicht, Gefühle zuzulassen und ernst zu nehmen. Ich habe so getan, als sei ich stark. Aber hinter dieser Schale steckte kein gesundes Selbstwertgefühl.

In meinen Beziehungen spiegelten sich die Muster meiner Kindheit. Ich dachte, Liebe muss wehtun, das gehört dazu. Bis ich durch Zufall auf das Buch einer Psychologin stieß, die über Beziehungsprobleme schrieb und wo diese Probleme herrühren. Plötzlich verstand ich, warum ich immer an beziehungsunfähige Männer geraten war. Ich suchte Beziehungen, in denen ich nichts verlieren kann. Wirkliche Innigkeit zuzulassen – dazu war ich selbst nicht in der Lage.

Vor zwei Jahren war ich bei einer Freundin eingeladen. In ihrer Küche stand ein Mann, der mich anlächelte und den ich sofort mochte. Er war anders als die Männer, die mich bislang angezogen hatten. Sympathisch, offen, herzensgut. Ich habe mit ihm alles anders gemacht. Mich verletzlich gezeigt, nicht die Coole gegeben. Mit ihm kann ich mir sogar vorstellen, Kinder zu haben. Im vergangenen Jahr hatten wir zwei Fehlgeburten. Als ich ihn fragte, warum ausgerechnet uns das passieren muss, sagte er: »Weil wir so glücklich sind, dass wir das verarbeiten können.« Manchmal kann ich nicht glauben, dass ich es verdiene, so geliebt zu werden und zu lieben. Ich weiß, dass ich ihn heiraten möchte. Ich muss nur noch den richtigen Moment finden, um es ihm zu sagen.«

Aufgezeichnet von Anna Kemper

Verkuppeln

Marie*, 24:

»Vor vier Jahren war ich mit meinen Eltern im Urlaub in Portugal. In unserem Hotel lernten wir ein Ehepaar kennen, mit dem meine Eltern ab und an was unternahmen.

Als ich wieder zu Hause war, bekam ich auf Facebook eine Freundschaftsanfrage. Den Typen auf dem Bild kannte ich nicht, aber mir fiel auf, dass sein Nachname der gleiche war wie der des Ehepaars aus dem Urlaub. Ich erinnerte mich, dass sie von ihrem Sohn erzählt hatten, und fand es witzig, dass er mich kontaktierte. Also schrieb ich ihm: »Hey, du bist doch der Sohn von ...«, und damit startete unser tägliches Hin- und Herschreiben. Bald telefonierten wir auch miteinander.

Elias erzählte mir, dass sein Vater ihm vorgeschlagen hatte, mich kennenzulernen, weil er glaubte, dass wir beide gut zusammenpassen. Er hatte sich darüber gewundert, weil das ganz und gar nicht zu seinem Vater passt, der sich eigentlich nie in seine Beziehungsangelegenheiten einmischt. Nur deshalb ist Elias überhaupt darauf eingegangen und hat online nach mir gesucht.

Wenig später lud Elias mich ein, ihn zu besuchen, um auf eine Kirmes zu gehen. Bei ihm zu Hause bin ich zuerst seinem Vater begegnet. Das war schon eine seltsame Situation, weil ich den Vater ja schon gesehen hatte, Elias aber noch nie. Auf dem Jahrmarkt sind wir dann Achterbahn gefahren, und er hat meine Hand gehalten. Danach haben wir uns geküsst. Wir sind bis heute zusammen, obwohl Elias schon bald für ein Auslandssemester nach China ging.

Elias war im Nachhinein überrascht, wie gut sein Vater ihn anscheinend doch kennt, weil er es so gut einschätzen konnte, dass Elias und ich zusammenpassen. Und auch ich hatte bis dahin beim Thema Verkuppeln höchstens an Freunde gedacht, die andere Freunde zusammenbringen. Aber auf keinen Fall an die eigenen Eltern.«

Aufgezeichnet von Luisa Jabs

Ungeküsst

Sarah*, 28:

»Ich weiß nicht, wie sich ein Kuss anfühlt. Oder Sex. Oder ein Kribbeln im Bauch, weil man sich bis in die Nacht Nachrichten schreibt.

Ich hatte in meinem Leben nur ein einziges Date. Da war ich 14 Jahre alt, wir besuchten den gleichen Tanzkurs und waren danach spontan was essen. Ich war schon länger sehr verknallt und dachte, das sei ihm klar. Für ihn war es aber wohl eher Friendzone. Er schlug am Ende kumpelhaft bei mir ein und lud mich danach nur noch zu Treffen mit mehreren Leuten aus dem Kurs ein. Ich war so verunsichert, ich traute mich nicht, ihm zu simsen, wie schön ich den Abend fand. Oder gar jemals wieder mit ihm zu flirten.

Meine ganze Schulzeit und mein Studium hindurch hatten alle Frauen um mich herum immer irgendjemanden am Start. Ich hatte niemanden. Ich habe aufgehört, mich zu fragen, warum. Freundinnen schlugen mir Online-Dating vor, Tinder, Bumble, irgendwas. Für mich ist das nichts. Ich hoffe einfach, in den

Richtigen eines Tages reinzulaufen. Ich will nichts erzwingen. Aber ich bin unsicher. Je älter ich werde, desto peinlicher ist es mir, dass ich keine Erfahrung habe. Es gab mal einen Moment auf einer Studentenparty, da hätte ich einen Kuss bekommen können. Aber ein verschwitzter, nach Alkohol riechender Schmatzer war für mich nicht sonderlich romantisch. Das bereue ich nicht.

Jetzt verloben sich die Ersten in meinem Umfeld, heiraten, bekommen Kinder. Ich bin mit Männern zwar befreundet, aber da läuft nichts. Ich sehne mich nach Nähe. Vielleicht auch nach Intimität, das ist schwer zu sagen, weil ich nicht weiß, was ich all die Jahre verpasst habe. Ich möchte meine ›Auf den Richtigen warten‹-Einstellung nicht aufgeben, aber manchmal ist da eine leise Stimme in meinem Kopf, die mir sagt: Nur vom Rumsitzen passiert nie etwas. Nur, wo soll ich anfangen zu suchen?«

Aufgezeichnet von Laura Binder

Täuschung

Katharina*, 59:

»Im Mai vergangenen Jahres habe ich mich bei einer Dating-App angemeldet. Mein Partner hatte mir am Telefon offenbart, dass er sich entliebt habe, ich war wie vor den Kopf gestoßen. In einer der Mails, die ich bekam, schrieb mir ein Mann auf Englisch, er sei aus Kalifornien und beruflich in Frankfurt. Ich mochte sein Foto, aber eine Einladung zum Kaffee lehnte er ab, er müsse gerade sehr viel arbeiten. Ich war enttäuscht. Aber wir schrieben uns. Morgens fragte er, ob ich gut geschlafen habe, abends wollte er wissen, ob ich denn auch etwas gegessen habe. Diese Wertschätzung hat so gutgetan. Nach 14 Tagen sagte er, dass er mich liebe. Ich fragte ihn, wie das sein könne, wir hätten uns ja nicht mal getroffen. In der Liebe sei alles möglich, schrieb er und schickte ein Selfie. In seinen Augen lag so viel Wärme. Ich habe noch nie so schnell für jemanden Gefühle entwickelt.

Dann schrieb er mir, seine Mutter sei krank, er brauche zehntausend Euro. Das Geld wäre der ultimative Liebesbeweis. Ich sagte Nein, wir stritten heftig. Er meldete sich nicht mehr, wochenlang.

Es war, als würde er mich bestrafen, und es tat extrem weh. Ich schrieb ihm, dass ich für ihn da bin, wir hatten erneut Kontakt. Aber immer bat er um Geld. Irgendwann akzeptierte ich: Ich bin einem Scammer, einem Betrüger, zum Opfer gefallen. Einer Person, die einem mit falschen Bildern die große Liebe vorspielt, dich dann für einen erfundenen Notfall um Geld bittet und einen so starken emotionalen Druck aufbaut, dass man bezahlt.

Ich war extrem enttäuscht, konnte nächtelang nicht schlafen. Und ich kam mir unendlich blöd vor. Halt fand ich in dem Online-Forum ›Romance, Scam & Baiting‹. Mein vermeintlicher Traummann war einigen Damen dort kein Fremder, und seitdem sind wir auf der Suche nach seiner Identität. Ich will ihn finden. Für meinen Seelenfrieden und einen ungetrübten Blick in die Zukunft.«

Aufgezeichnet von Tamara Giulia Salathé

Affäre

Frank*, 69:

»Ich kannte sie schon einige Jahre, sie war meine Kundin, ich habe im Vertrieb gearbeitet. Wir waren uns sympathisch, aber über Persönliches haben wir erst geredet, als ich sie zum Essen einlud, nachdem sie mir einen beruflichen Gefallen getan hatte. Sie war unglücklich verheiratet, ich auch. Wir lebten beide nicht so, wie wir uns das vorstellten. Das hat uns verbunden. Meine Ehe war eher eine Wohngemeinschaft, ihre geprägt von Schulden und Alkohol. Sie hatte bereits die Scheidung eingereicht.

Wir begannen eine Affäre, die für mich alles veränderte. Ich spürte Gefühle, die ich so nicht kannte. Doch aus Pflichtgefühl beendete ich es nach zehn Monaten. Ich bin so erzogen worden, dass man seinen Platz im Leben nicht einfach so aufgeben sollte – ich hatte eine Frau und Kinder. Danach habe ich zwei Wochen lang nur geheult. Meiner Frau habe ich davon erzählt, das hat die Spannungen zwischen uns noch vergrößert.

Fünf Jahre lang hatten wir nur sporadischen Telefonkontakt an unseren Geburtstagen. Aber nachts im Bett führte ich in meinem Kopf imaginäre Gespräche mit ihr. Mehrmals bin ich in ihre Straße gefahren, in der Hoffnung, ihr zu begegnen. Einmal sagte sie am Telefon zu mir, dass ihre Tür immer für mich offenstehe. Gemeinsam hatten wir während unserer Affäre ein Konzert des Gitarristen Johnny Winter besucht, wir lieben beide den Blues. Als ich sah, dass er wieder auftrat, kaufte ich zwei Tickets und sendete ihr eines zu.

Ich bin an dem Abend zu dem Konzert hingefahren, ohne zu wissen, ob sie kommt. Aber sie kam. Ein Jahr später schaffte ich es endlich, mich zu trennen. Ich wachte eines Morgens auf und wusste einfach: jetzt oder nie.

Seit sieben Jahren sind wir ein Paar, demnächst haben wir unseren vierten Hochzeitstag. Jeder Tag ohne sie ist ein verlorener Tag.«

Aufgezeichnet von Luisa Jabs

Endlichkeit

Cornelia*, 46:

»Wir stolperten in einem medizinischen Forum übereinander. Ich arbeite als mobile Krankenschwester und suchte nach einem Hilfsmittel für einen Patienten. Martin suchte eine Brieffreundin. Wir schrieben uns. Er hatte, wie ich, zwei gescheiterte Partnerschaften hinter sich, wir haben Kinder im selben Alter. Und wir hatten beide den gleichen Ton, ein bisschen ironisch und humorvoll.

Ich wusste schon durch die Mails, dass Martin im Rollstuhl sitzt. Dann schrieb er mir, warum: Er habe ALS, eine Erkrankung des Nervensystems, die zur Lähmung führt und bei vielen Patienten zum Tod. Die Ärzte hatten ihm vor zehn Jahren gesagt, er habe vielleicht noch drei bis fünf Jahre zu leben.

Zum ersten Mal getroffen haben wir uns wenige Wochen später. Ich war an der Ostsee im Urlaub. Er reiste das erste Mal seit Jahren allein mit dem Zug, um mich zu sehen. Wir tranken am Bahnhof Kaffee. Martin ist an den Armen und Beinen gelähmt. Es fühlte sich natürlich an, ihm die Kaffeetasse an den Mund zu führen. Da war für mich keine Hemmschwelle. Ich sehe ihn, den Menschen, nicht die Krankheit. Ich habe mich in seine Art verliebt, er ist ein Familienmensch und würde alles für andere geben, so bin ich auch. Er hätte jeden Grund zu jammern und ist doch derjenige, der Mut gibt.

Martin zog zu mir, wir bauten die Wohnung barrierefrei um. An schlechten Tagen versucht er mir manchmal meine Gefühle auszureden: »Du läufst doch in dein Verderben!« Ich kann damit umgehen. Es fehlt mir, dass er mich nicht einfach so in den Arm nehmen kann, aber das fehlt Martin wohl noch mehr. Da hilft nur Kreativität, und mit Worten zu berühren, auch das kann sehr schön sein. Martin blendet seine Krankheit aus, ich muss manchmal darüber sprechen. Wir wissen nicht, wie viel Zeit uns bleibt, und wir klammern uns an die Hoffnung, dass es noch viele Jahre sind. Das intensiviert unsere Liebe noch mehr.«

Aufgezeichnet von Laura Binder

Warten

Leonie*, 26:

»Mein Freund und ich haben schon an vielen Orten gelebt, aber erst einmal zusammen. Dabei sind wir seit kurz vor dem Abitur, also seit neun Jahren, ein Paar.

Nach dem Abi zog er nach Würzburg, ich begann einen Bachelor in Heidelberg. Ich blieb nicht mal vier Monate, ich vermisste ihn zu sehr und folgte ihm. Nach anderthalb Jahren in Würzburg zog er für eine Ausbildung nach Freiburg, ich blieb. Mein Auslandssemester verbrachte ich in Paris, Praktika in Berlin und Basel, meinen Master absolvierte ich in Düsseldorf. Uns trennten mal 300 Kilometer, mal 800 – oder: mal drei Stunden Zugfahrt, mal sieben Stunden mit dem Bus.

Das war bei vielen Freunden von uns ähnlich. Aber jetzt wohnen sie zusammen, die ersten heiraten, bekommen Kinder. Und wir beide sind zurück in unserer Heimatstadt und wohnen bei unseren Eltern. Er studiert nur 30 Kilometer entfernt, ich arbeite wegen Corona aus dem Homeoffice. Wir können uns jeden Tag sehen, das genießen wir – aber obwohl wir bald 27 sind,

sind die Umstände unserer Beziehung wieder wie zu Schulzeiten. Vielleicht haben wir den Moment verpasst, uns für einen Ort zu entscheiden.

Wir sehnen uns danach, Alltag zu teilen. Aber bald führen wir wieder eine Fernbeziehung. Ich werde für meinen Job nach Kassel ziehen, mein Freund möchte einen Masterstudiengang in Süddeutschland beginnen.

Wir wollen beide beruflich etwas erreichen und unterstützen uns. Aber irgendwann wird einer von uns wahrscheinlich einen Kompromiss eingehen müssen. Dann werden wir zusammenleben. Wir schaffen das.

Die Konstante in unserem Leben ist nicht die gemeinsame Wohnung oder ein Ort, an dem wir sesshaft sind. Unsere Konstante sind wir als Paar. Ich mag solche Sprüche eigentlich nicht, aber wir sind da zu Hause, wo der andere ist.«

Aufgezeichnet von Karolina Kaltschnee

Magie

Klaus*, 80:

»An einem Sonntagmorgen vor 40 Jahren fuhr ich mit meinem Auto durch Washington. Die Stadt war noch leer. Ich besuchte meine Schwester dort und kannte die Gegend, deshalb brauchte ich keine Karte. Aber dann verlor ich bei der Suche nach einer Abkürzung die Orientierung – und landete in einem ruhigen Vorort.

Es war ein wirklich schöner Herbsttag, überall lag Laub, und der Geruch der Laubfeuer in den Vorgärten hing in der Luft. Als ich eine Frau in ihrem Garten sah, stieg ich aus und ging auf sie zu, um sie nach dem Weg zu fragen. Sie harkte gerade die bunt gefärbten Blätter zusammen. »I am lost«, sagte ich zu ihr. Sie stellte den Rechen beiseite und kam zum Zaun.

Ich erinnere mich noch ganz genau: Sie trug einen rostfarbenen, grob gestrickten Pullover. Durch ihre randlose Brille sah sie mich an. Sie hatte melancholische braune Augen. Für einen Augenblick schauten wir uns schweigend an. Es war seltsam: Ich hatte das Gefühl, als könnte ich in ihre Seele blicken.

Dann sah sie an mir vorbei und erklärte mir den Weg. Ich bedankte mich. Auf dem Weg zurück zu meinem Wagen fühlte ich mich, als wäre ich gerade verlassen worden, als wäre ein Band zwischen uns zerrissen.

Ich war danach noch oft in Washington. Manchmal fuhr ich durch die Vororte und hoffte auf ein zufälliges Wiedersehen. Ich hätte sie gern gefragt, ob sie dasselbe auch gespürt hatte. Aber mit den Jahren entschied ich mich dagegen, sie zu suchen. Ich weiß: Die Magie des Augenblicks hätte sich aufgelöst.

Noch heute sehe ich ihr Gesicht deutlich vor mir und ihre Augen, die etwas von der Wärme ihrer Seele auszustrahlen schienen. Diese Begegnung, die nur ein paar Minuten dauerte, erinnert mich daran, dass die meisten Menschen ihre Fehler bereuen – dabei sollten wir die Dinge bedauern, die wir verpasst haben.«

Aufgezeichnet von Karolina Kaltschnee

Jugendliebe

Katrin, 35:

»Ich war 14, als ich Christian auf einer Grillparty kennenlernte. Für ihn war es Liebe auf den ersten Blick. Ich fand ihn erst blöd. Aber dann unterhielten wir uns lange und küssten uns abends am Feuer. Zwei Wochen später saß er inmitten meiner Familie auf meiner Konfirmation.

Ich fuhr kurz danach mit meinen Eltern in den Urlaub, ohne Christian. Die Trennung von ihm war schlimm. Da merkte ich: Was mach ich, wenn der weg ist? Dieses Gefühl spürte ich damals unheimlich intensiv, aber es ist heute auch noch da. Wenn er mal beruflich weg ist, schlafe ich schlecht und freue mich den ganzen Tag auf unser Telefonat am Abend.

In unserem Umfeld waren wir immer etwas ungewöhnlich: Alle hatten mal kurze, mal lange Beziehungen, Abenteuer oder sind fröhliche Singles. Und ich sitze mit 35 auf meiner Terrasse, mit Kind, Hund und dem einzigen Mann, den ich je hatte. Ganz schön spießig.

Unser Kennenlernen ist jetzt 21 Jahre her. Vorher gab es nur kindliche Schwärmereien oder Kirmesknutschereien und nachher eben Christian. Natürlich kommt dann oft die Frage von anderen: Hast du nicht das Gefühl, was verpasst zu haben?

Ja, klar, auch wir haben darüber nachgedacht: Was wäre gewesen, wenn? Aber immer, wenn ich Christian ansehe, habe ich ein wunderbares Gefühl. Und es ist ja nicht so, dass sich unsere Leben nicht ändern – aber sie ändern sich zusammen: Wir sind zusammen volljährig geworden, erwachsen geworden, Mann und Frau, Eltern. Vielleicht werden wir auch zusammen Oma und Opa.

Und vielleicht sind wir altmodisch oder spießig, oder wir wirken auf andere langweilig. Aber wir haben genau das, was wir immer wollten. Und wenn es irgendwann doch nicht für immer war: Wir haben ein Kind zusammen. Und das bleibt.«

Aufgezeichnet von Karolina Kaltschnee

Mitgefühl

Petra*, 67:

»Mein Mann ist 20 Jahre älter als ich. Er erzählt mir oft aus seiner Kindheit, die so anders war als meine. Ich höre ihm gerne zu, auch wenn manche Erinnerungen ihn bis heute so bewegen, dass es auch mir wehtut.

Mein Mann hatte drei Brüder, sie lebten mit der Mutter in Stuttgart. Viele Kriegsnächte verbrachten sie im Bunker und sahen später die Leichen vor den zerbombten Häusern. Zu Weihnachten, als er noch sehr klein war, hatte er eine Kasperlepuppe geschenkt bekommen. Mit Zipfelmütze, Pluderhosen und beweglichen Gliedern aus Holzwolle. Dem Kasperle vertraute er damals seine Gefühle an. Bis ihm seine Brüder die Puppe wegnahmen und sie nicht mehr auftauchte.

Als mein Mann sieben Jahre alt war, 1942, kam er mit der Kinderlandverschickung zu einer fremden Familie aufs Land, ganz allein. Bei den Kindern des Dorfes war er nicht willkommen. »Du bist zu uns gekommen, weil Stuttgart kaputt gebombt wird«, sagten sie ihm, und er hatte Angst um seine Mutter. Gern hätte er da seinen Kasperle gehabt. Seine Mutter hatte ihm zum Abschied ein Stück ihrer Seife mitgegeben. Daran roch er, wenn er sich nach ihr sehnte.

Wir haben uns 1971 kennengelernt. Schon früh und immer wieder hat er mir von seiner Kasperlepuppe erzählt, die ihm Trost spendete, wenn er sich einsam fühlte. Es tat ihm gut, mit mir darüber zu sprechen.

Irgendwann beschloss ich, dass er ein Stück seiner Kindheit zurückbekommen sollte. Im letzten Jahr fand ich tatsächlich einen ähnlichen Kasperle im Internet, mit Zipfelmütze und beweglichen Gliedern. Etwas alt und abgeliebt, aber er sah genauso aus, wie mein Mann ihn beschrieben hatte. Als er an Heiligabend das Paket öffnete, war er sprachlos. Manchmal sitzt er abends auf der Couch und teilt seine Gedanken mit dem Kasperle. Und niemand wird ihm den je wieder wegnehmen.«

Aufgezeichnet von Karolina Kaltschnee

Erste Liebe

Cornelius*, 35:

»Ich kannte sie aus der Schule, wir waren in einem Jahrgang. Ich war 19, sie 18. Auf einer Feier sprach ich sie an. Am Ende des Abends haben wir geknutscht und wurden ein Paar.

Von Anfang an war es besonders, bei ihr habe ich diesen Zauber gespürt. Sie behandelte mich wie einen Schatz. Und ich sie. Eine Anerkennung, die ich nie zuvor erlebt hatte. Ich sagte ihr ›Ich liebe dich‹ und meinte es so.

Bei Beziehungen vorher ging es um mich, ich war nicht richtig verliebt gewesen. Mit ihr erlebte ich zum ersten Mal, wie Liebe aussehen kann. Wie sich das anfühlt. Sich auf jemanden einlassen, sich um jemanden sorgen. Und wie es einen zerreißt, wenn man vermisst.

Sie fuhr mit Freunden in Urlaub, zwei Wochen lang. Ich holte sie ab, sie stieg aus dem Auto, und ich nahm sie in die Arme. An diesen Moment erinnere ich mich genau. Ich weiß, was sie anhatte, wie sie roch. Weil ich mich noch nie so auf jemanden gefreut hatte.

Wir waren nur drei Monate zusammen, dann trennte sie sich. Das hat mich fast umgebracht. Ich verließ das Land wegen ihr und habe über sechs Jahre gebraucht, mich davon zu lösen.

Diese Liebe ist für mich der Prototyp von Liebe. Was mit meinem Herzen passierte, wie ich mich fühlte, die Freude, das Vermissen und auch der Schmerz: Das alles ist für mich pure Liebe. Natürlich habe ich danach geliebt, Partnerinnen gehabt. Liebe ist mehr als das initiale Gefühl des Verliebtseins. Aber ich trauere dem ein wenig hinterher. Ich frage mich: Kann man dieses Gefühl nur mit einer Person im Leben haben? Passiert das noch mal? Eigentlich weiß ich: Es ist unmöglich.

Trotzdem trage ich in mir diese leise Hoffnung, dass ich dieses Feuerwerk wieder spüre. Und immer, wenn ich eine Frau, die ich liebe, nicht sehe, warte ich auf das Gefühl. Dass ich sie so vermisse wie meine Freundin damals, als ich das Auto auf den Parkplatz fahren sah.«

Aufgezeichnet von Karolina Kaltschnee

Sehnsucht

Carla*, 33:

»Wir kannten uns zwei Monate, als wir beschlossen, zu heiraten. Das sei der einfachste Weg, um zusammen zu sein. Dachten wir. Aber einfach ist es nicht.

Ich hatte die Liebe abgeschrieben, als ich ihn auf einer Reise kennenlernte. Den Mann, den ich suche, dachte ich, gibt es nicht. Dann, Silvester 2019, in Kimberley, Südafrika, stand er da, und es war klar: Wir müssen uns wiedersehen! Als ich am nächsten Tag nach Kapstadt flog, fuhr er mir hinterher, 13 Stunden mit dem Auto. Er gab mir von Anfang an das Gefühl, dass ich es wert bin.

Wenig später konnte er mit einem Touristenvisum für zwei Monate bei mir in Deutschland sein. Beim Abschied ließ er seine Sachen hier, wir würden uns ja bald wiedersehen. Wir beantragten seine Papiere für die Heirat bei den Behörden in Südafrika, aber auch nach Monaten waren sie noch nicht da. Der Grund: Corona. Wir überlegten, in Dänemark zu heiraten, weil dort die internationale Eheschließung einfacher ist. Dann machte Dänemark die Grenze dicht. Also wieder warten. Ich in Deutschland, er in Südafrika, 14.000 Kilometer voneinander entfernt.

Jeden Morgen frühstücken wir per Videocall, abends gehen wir am Telefon gemeinsam ins Bett. Wir reden über alles, weinen viel. Manchmal spielen wir laut lachend *Schiffe versenken*, und es fühlt sich an wie ein gemütlicher Abend zu zweit. Aber das ersetzt keine Umarmung. Und in manchen Momenten braucht es die, damit alles irgendwie gut ist, damit wir wissen, wofür wir das alles machen – für ein gemeinsames Leben. Es ist mir egal, wo wir heiraten und wie, solange wir endlich zusammenleben können. Mittlerweile haben wir alle nötigen Papiere. Mein Freund darf aber nicht einreisen. Südafrika ist Virusvariantengebiet. Bis zum 22. August haben wir Zeit, danach sind die Papiere nicht mehr gültig. Noch hoffe ich. Die Feier ist geplant.«

Aufgezeichnet von Julia Reinl

Abschied

Kerstin*, 62:

»Das erste Mal sahen wir uns in der zehnten Klasse, er gefiel mir auf Anhieb. Dann verschwand er für zwei Jahre und tauchte bei meiner Schulabschlussfeier wieder auf. Ich merkte, dass ich total in ihn verliebt war. Er ging mir einfach nicht mehr aus dem Kopf. An diesem Abend hat er sich irgendwann zu mir gesetzt, und wir haben geplaudert. Auf dem Heimweg hat er mir sein Jackett über die Schultern gelegt und mich geküsst. Dann hat er mich angeschaut und gefragt, ob ich ihn heiraten möchte. Ohne eine Sekunde zu zögern, habe ich Ja gesagt. Ich war 19 Jahre alt und unsterblich in diesen Mann verliebt, mehr spielte für mich keine Rolle.

Wir waren fast 40 Jahre lang glücklich verheiratet, dann bekam er die Diagnose Krebs. Man konnte zwar operieren und die restlichen Metastasen mit Chemotherapie behandeln, aber es würde früher oder später zu Ende gehen. Fast mein ganzes Leben lang hat er mir den Rücken gestärkt. Ich konnte meine beruflichen Ziele verfolgen, während er gerne zu Hause bei unseren zwei Töchtern blieb und sich um sie kümmerte.

In seinen letzten vier Jahren haben wir viel geredet. Wir waren uns so nahe, kannten uns in- und auswendig. Oft baute er mich auf und tröstete mich statt umgekehrt. Man hat ihm die Krankheit nicht angemerkt, er war lebenslustig und versuchte, die Dinge mit Humor zu sehen. Ich komme schon wieder, hat er mir vor den Operationen immer gesagt.

Mein Mann hat seine Beerdigung mit uns besprochen, und das war eine große Erleichterung. Ich konnte ihm dadurch seinen letzten Wunsch genau so erfüllen, wie er es mir zuvor gesagt hat. Er verbrachte die letzten Wochen zu Hause und schlief dann ein, ich konnte mit ihm gemeinsam Abschied nehmen. Ich sage mir immer, ich habe etwas so Wunderschönes gehabt, und für diese seltene, wahre Liebe muss ich dankbar sein. Aber es ist hart, denn das Zurückbleiben ist immer schwer.«

Aufgezeichnet von Tamara Giulia Salathé

Verlust

Carola*, 78:

»Ich war 15, als wir uns in den Ferien im Schwarzwald kennenlernten. Er war zwei Jahre älter als ich. Für mich war es gleich die große Liebe. Ich war eher ein forsches Stadtkind. Er genau das Gegenteil: war verschlossen, spielte Gitarre, fuhr Motorrad, hatte Pferde.

Zwischen dem Ort im Schwarzwald und meiner Heimatstadt lagen 300 Kilometer. Damals eine riesige Entfernung. Drei Jahre lang schrieben wir uns Briefe und sahen uns nur in den Ferien. Und dann waren wir schüchtern und zu gehemmt für Küsse. Nicht mal Händchen haben wir gehalten. Es war ein ständiges Warten und Sehnen nach dem nächsten Wiedersehen. In meinem Kopf war nur Platz für ihn.

Als ich 18 war, tauchte er eines Tages völlig überraschend auf seinem Motorrad in meiner Straße auf. Er war auf der Durchfahrt zu einer Automesse. Und dann wurde es so, wie ich es mir erträumt hatte. Wir fuhren in ein Tanzlokal. Ich an ihn geschmiegt auf dem Rücksitz, zum ersten und letzten Mal auf einem Motorrad. Wir tanzten, wir küssten uns. Endlich. Spätnachts standen wir lange eng umschlungen im Treppenhaus. Trotzdem schlief er in der Nacht im Gästezimmer. Unsere Liebe begann gerade erst, wir hatten, dachten wir, alle Zeit der Welt. Der Abschied am Morgen fiel uns leicht. Auf der Rückfahrt würde er vorbeikommen, und dann würden wir uns nie mehr trennen. Aber wir verpassten uns.

Ein Jahr später starb er bei einem Verkehrsunfall. Wir haben uns nie wiedergesehen. Ich bewahre seine Briefe immer noch auf. Manchmal frage ich mich, was aus uns geworden wäre. Hätten wir auf Dauer zusammengepasst? Oder wären wir längst geschieden? Und was hätte es verändert, wenn ich den Mut gehabt hätte, diese eine Nacht mit ihm zu verbringen?

Heute bin ich Großmutter, meine Enkelin ist bald so alt wie ich damals. Wenn ich in der Nähe bin, besuche ich sein Grab.«

Aufgezeichnet von Charlotte Westphal

———————————

»Ich glaube aber, dass es sie
gibt, die eine große Liebe.«

———————————

Angst

Kerstin*, 48:

»Man sagt ja, Liebe auf den ersten Blick gibt es nicht. Aber bei mir war es so. Vor etwa einem Jahr begann ich, in einer Erstaufnahmeeinrichtung für Asylsuchende Deutsch zu unterrichten. Da traf ich ihn, einen Mann aus dem Iran. Wir haben uns angesehen, und es fühlte sich an, als passierte alles in Zeitlupe. Im Unterricht ließ ich mir nichts anmerken. Irgendwann begannen wir, uns danach zu unterhalten. Wir verstanden uns ohne viele Worte, ich spreche kein Farsi und er nur sehr wenig Deutsch. Wir gingen spazieren oder saßen bei schlechtem Wetter stundenlang in meinem Auto. Ich merkte schnell: Ich bin verliebt.

Der Asylantrag meines Freundes wurde im Frühjahr abgelehnt. Durch seinen Aufenthaltstitel ist er eingeschränkt: Wegen einer Wohnsitzauflage muss er in einer Gemeinschaftsunterkunft wohnen, darf nicht einfach bei mir übernachten. Wir haben wenig Privatsphäre.

Er hat mir viel von seiner Familie erzählt und von seinem Heimweh. Aber auch von der Angst, was bei einer Rückkehr in den

Iran passieren könnte. Ich durchlebe mit ihm diese Angst und fühle mich hilflos, auch gegenüber Behörden. Gegen die Ablehnung seines Asylantrages hat er Widerspruch eingelegt. Unseren Alltag prägen Fragen wie: Wann ist die nächste Anhörung? Wie ist der Richter? Wie viel Zeit haben wir noch?

Bis über seinen Asylantrag endgültig entschieden ist, kann er hier bleiben. Dass er in seine Heimat zurückkehrt, könnte ich akzeptieren, wenn es ihm dort gut geht. Aber dass ihm etwas passiert, daran kann ich nicht denken. Mir ist klar geworden: Ich musste noch nie Angst haben, weder wirtschaftlich noch um meine Freiheit. Nun ahne ich, was Angst heißt. Trotz der schlaflosen Nächte glaube ich daran, dass wir Probleme gemeinsam meistern können, auch in der Zukunft. Denn obwohl ich Angst um ihn habe: Die Intensität dieser Begegnung ist ein Geschenk. Es ist das Schönste, was mir je passiert ist.«

Aufgezeichnet von Karolina Kaltschnee

Enttarnt

Katrin*, 58:

»Ich hatte mir gerade die Haare gewaschen, lief durch den Flur vorbei an der Bürotür meines Mannes. Er ist Schmerztherapeut und telefonierte mit einer Patientin. Ich hörte, wie ein anzüglicher Satz fiel, der mich weiter an der Tür lauschen ließ. Mir wurde klar: Mein Mann hat eine Affäre.

Eine Woche brauchte ich, dann stellte ich ihn zur Rede. Er stritt alles ab. Aber dann, nach und nach, gab er es zu und zog aus. In eine möblierte Wohnung in der Stadt, gemeinsam mit ihr. Ich weiß, wie es ist, seine Geliebte zu sein, wegen mir hat er sich von seiner ersten Frau getrennt. Jetzt kenne ich die Situation von beiden Seiten. Und fühle mich ausgetauscht gegen eine Frau, die 16 Jahre jünger ist als er und nicht wie ich bloß eineinhalb.

Ich verstehe, dass eine Liebe vorbei sein kann, ich verstehe aber nicht, wie er mich über Monate hinweg anlügen konnte. Trotzdem war er meine große Liebe. Immer wieder habe ich versucht, ihn zu überzeugen, dass er die Affäre aufgeben soll, dass wir doch eine gute Ehe führen.

Mein Mann sagt, ohne Corona hätte er sich nicht gelangweilt, und diese Affäre wäre ihm nicht passiert. Wir wären auf Reisen gegangen, er hätte viel Sport gemacht. Vielleicht wäre dann tatsächlich alles wie früher gewesen.

Er möchte nun zurück in unser Haus, allerdings nicht zurück zu mir. Er stellt sich vor, dass wir das Haus irgendwie aufteilen, aber ich habe Angst, dass ich am Ende ausziehen muss. Ich hatte mir schon vorgestellt, wie das im Alter mit meinem Mann sein würde: Das Haus ist abbezahlt, den beiden Jungs geht es gut, wir haben viele Freunde, reisen oft. Jetzt stelle ich mir vor, wie ich hier aus- und die andere Frau einzieht, meinen tollen Garten hat, mit meinem Mann lebt. Wie plötzlich alles weg ist. Und ich stehe wieder am Anfang, so als wäre ich 25, nicht 58.«

Aufgezeichnet von Julia Reinl

Fantasien

Oliver*, 37:

»Vor drei Jahren lernte ich Suleika* kennen. Wir warteten beide vor einem Restaurant auf unser Mittagessen. Ihre dunklen Augen mit schwarzem Lidstrich schüchterten mich ein. Das gefiel mir. Wir aßen gemeinsam im Park und blieben bis nachts, redeten über den Krieg in Syrien, vor dem sie geflohen war, ihren Aufenthalt in Kairo und Feminismus. Irgendwann lagen wir im Gras und küssten uns. Im ersten halben Jahr verbrachten wir Tag und Nacht zusammen. Ich weiß nicht, ob ich jemals so verliebt war. Alles war so aufregend mit ihr, auch der Sex. Als ich ihr sagte, dass ich gerne mal etwas mit einer Transfrau ausprobieren würde, war ich unsicher, wie sie reagieren würde. Aber Suleika fand es gut. Seit Jahren habe ich diese Fantasie. Bis ich Suleika traf, behielt ich sie für mich. Ich komme aus einem liberalen Elternhaus, doch über Schwule riss mein Vater Witze. Aber Suleika bestärkte mich und sagte: Es ist okay, du musst nicht heteronorm sein. Unser Vertrauen half mir, die Mauer, die ich um meine Fantasie gebaut hatte, zu überwinden. Wir sprachen über unsere Sehnsüchte, Ängste und entschieden nach zwei Jahren, unsere Beziehung zu öffnen. Wir wollten ein freieres Leben führen, als es uns die Normen, mit denen wir aufgewachsen sind, vorgaben.

Eines Tages bekam ich eine Nachricht von Jenny*, einer Transfrau. Wir hatten uns über eine Dating-App kennengelernt. Sie lud mich zu sich ein. Ich hatte Angst und fuhr trotzdem hin. Jenny öffnete in Spitzenunterwäsche die Tür. Sie war groß, hatte schwarze Haare und eine tiefe Stimme. Wir schliefen nicht miteinander, ich massierte sie nur. Es war schön, doch ich hatte es mir irgendwie heißer vorgestellt. Aber jetzt ist meine Fantasie Realität geworden und gehört zu mir. Ich weiß nicht, ob ich mich das ohne Suleika getraut hätte. Gemeinsam wollen wir noch viele Barrieren sprengen, vielleicht auch als Ehepaar.«

Aufgezeichnet von Torben Becker

Neuanfang

Julia*, 38:

»Ich lernte meinen Mann auf einem Konzert kennen, als ich 25 war. Er war Musiker und 18 Jahre älter als ich. Es war eine tiefe Liebe, voller Verständnis füreinander.

Seit seiner Kindheit war er chronisch krank. Vor zwei Jahren verschlechterte sich sein Zustand. Ich war bereit, ihm eine Niere zu spenden, doch er starb noch vor der Transplantation, im Dezember 2019. Da war ich 37 Jahre alt.

Im Frühling 2020 verlor ich meine Arbeit und war somit zu Beginn des Lockdowns frisch verwitwet und ohne Einkommen. Zum Glück waren meine Mutter und ein paar sehr gute Freundinnen für mich da. Und ich war viel in der Natur, mit meinen zwei Hunden und bei meinem Pferd, um die schwere Zeit zu verarbeiten.

Im Sommer vergangenen Jahres kam der beste Freund meines verstorbenen Mannes mit einem langjährigen gemeinsamen Bekannten für Renovierungsarbeiten vorbei. Wir unternahmen viel zusammen, es wurde intensiver, ich verliebte mich, und aus dem Bekannten wurde mein Freund. Wir wuchsen schnell zusammen.

Doch für mich war es schwer, die Gefühle ein halbes Jahr nach dem Tod meines Mannes zuzulassen. Ich war verwirrt und hatte auch Angst vor der Verurteilung durch mein Umfeld. Am Anfang trafen wir uns nur bei mir oder an abgelegenen Orten. Ich war richtig paranoid, dass uns jemand zusammen sehen würde.

Er hat sich von alldem nicht abschrecken lassen. Nach einer Weile habe ich verstanden: Mein Leben mit meinem Mann ist vorbei und kommt nicht zurück, aber mein eigenes Leben geht weiter. Es hilft niemandem, wenn ich alleine bleibe. Als ich mich getraut habe, meinen Freunden von meiner neuen Liebe zu erzählen, haben sie sich mit mir gefreut.

Bald werden wir hoffentlich wieder mehr unternehmen und uns als Paar zeigen können. Diese Woche fahren wir das erste Mal zusammen in den Urlaub.«

Aufgezeichnet von Franziska Herrmann

Anziehungskraft

Anne*, 38:

»Zum ersten Mal sah ich Ronja bei einem Vortreffen für eine Jugendreise nach Schottland. Wir waren beide 18. Ihre dunkelbraunen Locken trug sie in einem Zopf zusammengebunden, sie war wild und hatte Flausen im Kopf. Ich spürte direkt eine Anziehungskraft zwischen uns.

Zwei Monate später, als die Reise losging, hatte ich sie schon wieder vergessen. Ronja mich aber nicht. Ich war bis dahin immer nur in Jungs verliebt gewesen. Auf der Hinfahrt schwärmte ich ihr noch von einem Typen vor, in den ich mich verguckt hatte. Trotzdem sendete ich ihr unbewusst Signale. Auf der Überfahrt mit der Fähre kamen wir uns körperlich näher: Ich saß vor ihr, sie hatte ihre Hände um meinen Bauch geschlungen, während wir Nirvana hörten. Das war schon ein bisschen romantisch.

In der ersten Woche verbrachten wir viel Zeit miteinander. Wie unter Teenager-Freundinnen üblich, haben viele Teilnehmerinnen der Gruppe Händchen gehalten. Das haben wir auch gemacht und kamen uns öfter näher. So auch an jenem Abend, als wir uns gegenseitig massierten. In die Dunkelheit hinein fragte Ronja, ob sie mich küssen dürfe. Ich nickte.

Am nächsten Tag, unserem ersten als Paar quasi, besuchten wir die Glenfiddich-Destillerie. Mir war der Kuss noch peinlich, ich konnte ihr kaum in die Augen schauen und ging ihr aus dem Weg. Am Abend jedoch suchten wir ein klärendes Gespräch. Am Rande einer schottischen Kuhweide räumten wir sämtliche Zweifel aus. Die starke Anziehungskraft zwischen uns konnten wir uns nur so erklären: Wir müssen seelenverwandt sein!

Mein Coming-out verlief problemlos, meine Freunde und Familie haben es sehr lässig aufgenommen. Inzwischen sind wir seit acht Jahren verheiratet. An unserem Jahrestag versuchen wir immer, einen gleichaltrigen Whiskey zu trinken. Dieses Jahr ist es bereits ein 20-jähriger!«

Aufgezeichnet von Charlotte Westphal

Aufgeschoben

Thea*, 28:

»Als ich 20 war, meldete ich mich für ein Musikwochenende für Studierende an. Ich spielte Klavier. Auf der Liste sah ich, dass auch ein Cellist mitfahren würde. Ich war aufgeregt, immer schon wollte ich einen Cellisten kennenlernen, weil ich mich schon als Kind zum Cello hingezogen fühlte. Meine Zimmernachbarin stellte ihn mir damals vor. Das Gefühl der Aufregung in seiner Nähe ging lange nicht weg. Aber es passierte nichts, ich war wie gehemmt, weil ich ihn so für sein Cellospiel bewunderte. Seit diesem Wochenende treffen wir uns alle bis heute einmal im Jahr und machen gemeinsam Musik. Nach einem dieser Treffen übernachtete er bei mir, im Kinderzimmer bei meinen Eltern. Er kam zu mir ins Bett und küsste mich. Der Kuss war eine Katastrophe, ohne jede Romantik. Das Gefühl von Nähe schwand für einen Moment. Drei Monate nach dieser Nacht bin ich zu ihm gefahren. Wir waren mit Freunden in einer Bar. Als er kurz rausging zum Telefonieren, hörte ich, dass es da jemanden gibt. Mit ihr ist er heute verheiratet. Er sagte mir, es sei da zwar etwas zwischen uns, aber es habe eben nicht gereicht. Das hat mich verletzt, weil ich ihm nicht genug war.

Ich begann mein eigenes Leben zu leben, machte ein Auslandssemester, studierte in einer anderen Stadt und lernte sogar Cello. Per Online-Dating traf ich meinen heutigen Freund. Er hat sich total in mich verknallt. Die ersten beiden Jahre unserer Beziehung habe ich ihn ständig mit dem Cellisten verglichen. Dabei war ich mit ihm nie richtig zusammen.

Mit meinem Freund führe ich nun schon länger eine Beziehung, doch wenn ich auf den Cellisten treffe, ist da noch immer diese Spannung zwischen uns. Vielleicht ist sie sogar noch stärker. Weil klar ist, dass sich das Gefühl, mit ihm vereint zu sein, nicht erfüllt. Wir sind beide zu feige, uns zu trennen. Vielleicht erfüllt sich die Liebe, wenn wir alt sind.«

Aufgezeichnet von Julia Reinl

Selbstfindung

Nour*, 35:

»Wenn du dir so lange die Liebe verbietest, überrollt sie dich wie ein Tsunami. Mir war lange nicht klar, dass auch ich als homosexuelle Frau ein Recht darauf habe. Ich musste es mir selbst beibringen. Als ich verstand, dass ich es darf, konnte ich es kaum abwarten, eine gegenseitige Liebe zu erleben.

Vor fünf Jahren bin ich in eine große Stadt gezogen, weg aus den Augen meiner konservativen Glaubensgemeinschaft, die meine Identität geprägt hat. Nach dem jahrelangen Kampf mit mir selbst fühlte ich mich im Frühjahr vorigen Jahres endlich bereit, eine Frau kennenzulernen und mich zu verlieben. Ich traf sie mithilfe einer Dating-App. Zwei Wochen lang schickten wir uns Nachrichten. Unsere Kommunikation hat auf Anhieb funktioniert. Wir waren geistig auf einer Ebene. Schließlich verabredeten wir uns. Sie kam über eine Kreuzung direkt auf mich zu. Ich mochte ihre Bewegungen. Diese Frau möchte ich näher kennenlernen, dachte ich, auch ihr Aussehen gefiel mir.

Fünf Stunden lang spazierten wir durch die Stadt und unterhielten uns. Das Gespräch mit ihr war so unverkrampft, wie ich es nicht oft erlebe. Beim zweiten Treffen gingen wir zu mir, und ich wagte den nächsten Schritt: Ich küsste sie. Die Angst, als unerfahren aufzufliegen, habe ich also abgelegt, dachte ich.

Nach ein paar Tagen schrieb sie mir, sie wolle keinen Kontakt mehr und dass ihr die Verantwortung zu groß sei, mich zu enttäuschen. Ich glaube, sie ist selbst noch in ihrer Selbstfindungsphase. Das war bitter für mich. Aber vielleicht war das auch der Grund, warum ich mich überhaupt getraut hatte – weil ich unbewusst längst ahnte, dass sie sich nicht auf mich einlassen würde. Anscheinend fühle ich mich nur zu denjenigen hingezogen, bei denen klar ist, dass daraus nichts wird. Weil ich mich so nicht der Realität stellen muss. Ich habe verstanden, dass ich mir immer noch beibringen muss, dass ich lieben darf.«

Aufgezeichnet von Franziska Herrmann

Parallelbeziehung

Johann*, 53:

»Als wir 1999 auf einer Party in der Küche rumknutschten und uns ineinander verliebten, war sie 21 und Studentin. Ich war 30 Jahre alt und bereits seit mehreren Jahren berufstätig an der Universität. Wir begannen eine leidenschaftliche Beziehung, aber es blieb eine Affäre, denn ich war in einer festen Beziehung, die ich nicht aufgeben wollte. Ich suchte etwas Verbindliches mit Perspektive zur Familiengründung und glaubte nicht, das bei so einer jungen Frau finden zu können. Eine aus meiner heutigen Sicht immer noch verständliche, aber vermutlich falsche Entscheidung.

Nach einem Jahr trennte sie sich von mir. 15 Jahre lang hatten wir fast gar keinen Kontakt. Aber zu meinem 47. Geburtstag bekam ich überraschend eine Mail von ihr. Wir lebten da bereits lange in verschiedenen Städten und waren beide verheiratet, ich hatte zwei, sie ein Kind. Ein halbes Jahr lang schrieben wir uns. Wir arbeiteten auch ihren Zorn über mein damaliges Verhalten auf. Die alte Leidenschaft und das Interesse aneinander waren wieder erwacht, als hätte es die lange Pause nie gegeben. Irgendwann trafen wir uns für zwei Nächte in Berlin. Sehr bald nach unserer ersten Begegnung war sie wieder schwanger, von ihrem Mann. Doch es ging weiter.

Seit fast sechs Jahren führen wir nun eine Fern- und Parallelbeziehung. Nie hätte ich gedacht, dass wir so lange durchhalten würden. Nach etwa 7000 virtuellen DIN-A4-Seiten Korrespondenz und diversen überstandenen Krisen weiß ich, dass sie die Liebe und die Frau meines Lebens ist. Ich habe ihr einen Heiratsantrag gemacht, aber der blieb bislang unbeantwortet. Sie will sich nicht von ihrem Mann trennen, da ihr die Perspektive zu unsicher ist. Ich weiß nicht, ob und wann es ein gemeinsames Leben geben wird, was sehr bedrückend und enttäuschend ist. Wenn ich sie verlassen müsste, wäre das härter, als mich von meiner Frau zu trennen.«

Aufgezeichnet von Franziska Herrmann

Hin und her

Rupert*, 55:

»Vor einem Monat hat Patricia ihre Sachen abgeholt: drei Koffer und ein paar Taschen. Alles passte in einen Kleinwagen. Wir hatten uns im Frühling 2016 durch Tinder kennen gelernt. Pat wohnt in Wien. Ich lebe in einem Haus auf dem Land, in der Steiermark. Ich war von Anfang an ehrlich, dass ich hier nicht wegkann, ich bin selbstständig, vermiete eine Ferienwohnung und einen Büroplatz. Pat meinte immer, sie könne sich viel vorstellen, aber konkret wurde sie nicht. Die Österreicher und der Konjunktiv, das ist so eine Sache.

Vier Jahre lang haben wir uns jede Woche gesehen. Sie kam raus zu mir, denn ich habe einen großen Hund, den sie sofort in ihr Herz schloss, aber mit einem Hund kann man nicht gut reisen. Ich wollte nie eine Wochenendbeziehung und sie wahrscheinlich nie weg aus Wien, wo ihre Arbeit, ihre Freunde waren. Oft gab es deswegen Meinungsverschiedenheiten.

Während des ersten Lockdowns 2020 schlossen wir uns von Mitte März bis Ende April zu einer Lockdown-Wohngemeinschaft zusammen. Sie brachte noch eine Freundin und deren Tochter mit. Die Ferienwohnung war auch belegt, und so waren hier fünf Frauen und ich. Es kam zu Konflikten. Zumindest beim Abendessen wollte ich auch mal Ruhe. Mir war vieles zu eng. Pat kümmerte sich viel um die Kleine, und ich kämpfte um ihre Aufmerksamkeit, Wertschätzung und Anerkennung. Nach einem Sommer, der gemeinsam nicht gelingen wollte, schickte ich sie erst weg und holte sie dann wieder zurück. Bis sie dann entschied, endgültig zu gehen.

Jetzt ist sie nicht mehr da, und ich merke, wie sie mir an allen Ecken und Enden fehlt. In einer Blumenwiese sieht man die einzelnen blühenden Blumen oft nicht. Inzwischen hat sie einen neuen Mann in ihrem Leben, ist frisch verliebt. Ich bin jetzt unendlich traurig. Ich sehne mich nach ihr. Es ist Liebe auf den letzten Blick.«

Aufgezeichnet von Franziska Herrmann

Seelenverwandt

Barbara*, 41:

»In meiner Jugend habe ich eine schwere Zeit durchgemacht. Meine Mutter war sehr krank, lange war nicht klar, ob sie meinen Schulabschluss noch miterleben würde.

In dieser Phase war mein Freund Daniel* mir eine große Unterstützung. Sein ruhiger, aufmerksamer Charakter gab mir Halt. Und obwohl klar war, dass wir beide in unterschiedlichen Welten leben, existierte eine besondere Verbindung zwischen uns. Wir verbrachten viel Zeit miteinander, teilten uns beim Zelten einen Schlafsack, aber ansonsten haben wir uns körperlich nie angenähert. Irgendwann jedoch hielt ich das Unausgesprochene nicht mehr aus und stellte ihn zur Rede. Er war völlig überfordert mit der Situation und leugnete die Anziehungskraft zwischen uns. Das war sehr verletzend.

Doch nach zwei Wochen Distanz taten wir beide einfach so, als hätte das Gespräch nie stattgefunden. Ich wusste, dass ich mir meine Gefühle nicht eingebildet hatte, aber offenbar war das, was unsere Beziehung ausmachte, undefinierbar. Nach dem

Abitur zog ich fürs Studium in eine andere Stadt. Unser Kontakt brach ab. Beim zehnjährigen Abi-Treffen hoffte ich, ihn wiederzusehen. Er kam nicht. Er lag auf einer Krebsstation. Alte Erinnerungen kamen hoch, ich fühlte mich schuldig, weil ich ihn nicht besucht hatte.

Wir sahen uns erst beim zwanzigjährigen Abi-Treffen wieder. Es war, als hätte sich nach all den Jahren nichts zwischen uns geändert. Obwohl der Krebs seine Spuren hinterlassen hatte, dachte ich mir, was für ein starker, cooler Mann aus ihm geworden war. Weil wir beide so viel durchmachen mussten, gibt es heute keine Spielchen mehr zwischen uns. Wir wissen, dass wir für eine gemeinsame Beziehung im Alltag nicht zusammenpassen. Er ist für mich einfach ein ganz besonderer Mensch. Was wir fühlen, ist eine seelische Liebe.«

Aufgezeichnet von Antonia Eggers

Amour fou

Hans*, 66:

»Sie war eine Studentin aus Paris, Anfang 20, ich zehn Jahre älter. Ich war ihr Tutor im Deutschsprachkurs. Nichts weiter. Bis sie in unsere Wohngemeinschaft zog, für ein Jahr, um Germanistik zu studieren.

Sie war romantischer als ich, versicherte mir täglich, dass sie ohne mich nicht leben kann. Davon war ich überwältigt. Auf den Tag genau ein Jahr nach unserem Kennenlernen heirateten wir. Ich war mir sicher: Sie war die Richtige.

Ein weiteres Jahr später zogen wir nach Paris. Dort besuchte uns mein bester Freund aus Chicago. Als ich nach Frankfurt musste, blieb er. Es funkte zwischen den beiden, sie erzählte mir direkt davon. Ich dachte, weil ich ihr erster Mann gewesen war, sollte sie sich ausprobieren – wichtiger war ja, mit wem sie ihr Leben verbringen will! Zwei Monate später flog sie zu ihm nach Chicago. Ich hoffte, sie würde sich noch für mich entscheiden.

Mein bester Freund beendete das mit ihr sehr schnell. Ein halbes Jahr später reichte sie trotzdem unsere Scheidung ein. Ich war völlig fertig.

Vergangenes Jahr fuhr ich mit meiner Tochter nach Oxford und beschloss, auf dem Rückweg über Lille zu fahren, wo sie Germanistikprofessorin ist. Ich klopfte an ihre Bürotür. Sie war da. Ich fragte, ob sie sich an mich erinnere. Sie schaute mich an, nach einer gefühlten Ewigkeit verneinte sie. Auch für einen Kaffee hatte sie keine Zeit. Es dauerte keine drei Minuten, da verließ ich ihr Büro wieder. Ich bin mir nicht sicher, ob sie mich wirklich nicht erkannt hat.

Der Mann, der Grund für die Scheidung war, ist immer noch mein bester Freund. Wir haben uns längst ausgesprochen. Für ihn war sie bloß eine Affäre. Für mich ist das Scheitern der Beziehung eine kleine Wunde, die bleibt, die vielleicht vernarbt oder sich nie vollständig schließen wird. Sie war meine *amour fou*, wie ich sie damals nannte – eine kurze, heftige Liebe.«

Aufgezeichnet von Julia Reinl

Wagnis

Annelie*, 59:

»Im Sommer 1982, mit 20, trampte ich mit einer Freundin nach Bulgarien, ans Schwarze Meer. Eines Abends kamen zwei junge Männer mit dem Motorrad in unserer Pension an. Ihre Kennzeichen verrieten, dass sie Westdeutsche waren. Mir fiel ein, was mir in der DDR erzählt wurde: Angeber und Besserwisser.

Aber als wir die nächsten Tage gemeinsam kochten und schwimmen gingen, verstanden wir uns gut. Ich tauschte Adressen mit einem der beiden – Armin. Bald kam täglich ein Brief von ihm. Wir trafen uns in der Tschechoslowakei, oder er besuchte mich. Als er mir per Brief einen Antrag machte, beantragte ich meine Ausreise. Ich höre oft, dass das waghalsig war, doch das finde ich bis heute nicht. Wenn man jung ist, lässt man sich eben von seinem Bauch leiten. Nach elf bangen Monaten saß ich schließlich 1985 im Interzonenzug. Zwei Koffer, kein Bargeld, kein Ausweis, kein Weg zurück. Ich zog zu ihm, in ein Dorf, wir lebten dort in einem Haus mit seiner Mutter. Nach kurzer Zeit begannen die Konflikte, vor allem mit ihr. Ich konnte weder kochen noch Hemden bügeln. Und ich hatte trotz meiner Ausbildung keine Arbeit. Zu Hause konnte ich nichts richtig machen, ich fühlte mich wie ein ungebetener Gast. Mir fehlte die Rücksprache mit meiner Mutter, ich konnte sie nur selten per Telefon erreichen, und Briefe brauchten lange.

Als ich es nicht mehr aushielt, bat ich Armin, mit mir auszuziehen. Er konnte sich nicht entscheiden. Ich zog allein aus. Mein Weg war beschwerlich, ich musste mich zurechtfinden in einem mir fremden System. Doch ich habe es geschafft. Ich bin seit über 30 Jahren verheiratet und glücklich, wie alles gekommen ist. Zu seinem 60. Geburtstag vor zwei Jahren habe ich Armin geschrieben, mich für die gemeinsamen Jahre bedankt und von meinem Lebensweg berichtet. Eine Antwort kam nie.«

Aufgezeichnet von Luisa Jabs

Beste Freunde

Carla*, 23:

»Jonas und ich haben uns in der fünften Klasse kennengelernt. Ich weiß noch, dass ich damals dachte, wenn ich mich verlieben müsste, dann in Jonas. Wir haben uns oft getroffen, fuhren Schlittschuh oder schwammen im See. Ich fand es interessant, mit einem Jungen so gut befreundet zu sein. Oft hörten wir: ›Ihr wärt so süß zusammen!‹ Und seit der neunten Klasse wussten wir, dass wir eigentlich mehr voneinander wollen als nur Freundschaft. Doch was dieses Mehr sein sollte, wussten wir nicht.

Wir hatten andere Beziehungen, aber eng befreundet blieben wir immer. Als wir in der elften Klasse ins Ausland gingen, ich in die USA und er auf die Philippinen, haben wir oft telefoniert oder geschrieben. Kurz bevor ich zum Studium nach Dresden gezogen bin, trennte ich mich von meinem damaligen Freund. Da lag die Frage, was das eigentlich genau zwischen uns ist, wieder in der Luft.

Als ich dieses Frühjahr für eine Woche zu Besuch in meiner Heimat war, kam Jonas zum Essen zu mir und meinen Eltern.

Später saßen wir in meinem alten Kinderzimmer auf dem Bett. An diesem Abend hat Jonas den Schritt gewagt und mich gefragt, ob ich mir vorstellen könnte, mit ihm zusammen zu sein. Für seinen Mut, diese Frage nach so vielen Jahren bester Freundschaft zu stellen, bin ich ihm jeden Tag dankbar. Ich habe mir ein paar Wochen Zeit genommen, um nachzudenken. Wir haben viel über unsere Wünsche und Vorstellungen für die Zukunft gesprochen. Wir sind sehr freiheitsliebend und können uns vorstellen, ein risikoreiches Leben zu führen. Wir träumen davon, eine Weile zusammen ins Ausland zu gehen, unseren Tauchschein zu machen und als Tauchlehrer zu arbeiten.

Lange habe ich mich gefragt, ob wir in all den Jahren feige waren oder ob die Freundschaft einfach stärker war als die Liebe. Jetzt weiß ich, es brauchte einfach Zeit. Um herauszufinden, ob sich das Riskieren der Freundschaft lohnt.«

Aufgezeichnet von Franziska Herrmann

Magie

Carla*, 64:

»Als ich Helmut bei einem Kletterkurs in den Alpen kennenlernte, war ich Ende 30 und hatte bereits die zweite Scheidung hinter mir. Es war nicht direkt Liebe auf den ersten Blick. Als ich seine lila Jogginghose sah, dachte ich nur: Was für ein furchtbarer Kleidungsstil! Er selbst schien von meinem lauten, durchsetzungsfähigen Wesen auch nicht sonderlich angetan zu sein.

Während des einwöchigen Aufenthalts in den Bergen wechselten wir nur wenige Worte miteinander. Aber am Ende der letzten Klettertour geschah etwas Magisches: Ich ging zu einem Bach, um meine Füße abzukühlen. Helmut, zehn Meter weiter, tauchte ebenso die Füße ins Wasser. Als ich aufschaute, ruhte sein Blick auf mir, und in dem Moment funkte etwas zwischen uns. Wer den ersten Schritt machte, weiß ich nicht mehr. Aber als wir so dastanden und redeten, spürten wir beide eine ungewöhnliche Anziehungskraft. Ich erfuhr, dass er zwei langjährige Beziehungen hinter sich hatte. Eine davon mit einer verheirateten Frau. Ihm erzählte ich von meinen eigenen schmerzhaften Erfahrungen.

14 Tage später wohnten wir schon zusammen, abwechselnd eine Woche bei ihm, eine Woche bei mir. Nach zwei Jahren waren wir mutig genug und entschieden uns für eine gemeinsame Wohnung. Als mein erstes Enkelkind geboren wurde, heirateten wir. Bis heute sind wir eine riesige Aufgabe füreinander, wissen aber, dass kleine Streitereien unserer tiefen Verbundenheit nichts anhaben können. Er ist nach wie vor der ruhige, sanftmütige Mann, der Konfliktsituationen am liebsten aus dem Weg geht. Ich habe durch unsere Beziehung endlich gemerkt, dass ich mich nicht ändern muss, um jemandem zu gefallen. Heute sehen wir die Schönheit des anderen hinter unseren nun alternden Fassaden. Wenn ich über ihn spreche, denke ich mir: Er funktioniert völlig anders als ich. Und das ist auch gut so.«

Aufgezeichnet von Antonia Eggers

Erste Liebe

Amira*, 19:

»Chris war mein Erster. Mein erster richtiger Freund. Der beste Sex, der größte Anker, Segen und Fluch. Alles in einem. Ich kannte ihn, er war mein Postbote. Wir kamen beide aus demselben Dorf. Durch Corona konnte er sein Auslandssemester nicht antreten – stattdessen lieferte er jetzt Briefe aus.

Jeden Tag haben wir miteinander verbracht. Nach einem Spanienurlaub waren wir fest zusammen. Dann zog er nach Köln, begann zu studieren. Ich blieb. Allein in unserem Dorf. Es war die Zeit nach dem Abitur. Alles schien auf mich einzuprasseln: Freies Soziales Jahr? Was will ich studieren? Wer will ich sein? In dieser Zeit erkrankte mein Vater an Krebs, meine Mutter wurde depressiv, mein Zwillingsbruder und engster Verbündeter zog nach Berlin. Ich habe Chris gebraucht. Vielleicht ein klein wenig mehr als er mich.

Köln und das Dorf. Ein ganzes Jahr. Dann seine Worte: »Du passt gerade einfach nicht mehr in mein Leben.« Ich, mit allem, was zu mir gehörte, wurde ihm zu viel. Es ist okay, meinte ich.

Eine Lüge. Damals war es für mich unbegreiflich, wie man jemanden, den man liebt, in seiner schwersten Phase zurücklassen kann. Fallen lassen kann. Mein Herz brach. Ich habe es nicht verstanden.

Nun ist Zeit vergangen. Ich bin weitergegangen. Und: habe ihn gehen lassen. Mittlerweile studiere ich in Köln. Nicht seinetwegen, sondern meinetwegen. Einmal noch haben wir uns in einem Café getroffen. »Was willst du von mir?«, fragte ich. »Ich weiß es nicht«, antwortete er. Es war wie ein zweites Mal Schluss machen. Wir wissen, etwas von uns passt, aber eben nicht ganz. Zusammen ergeben wir ein Puzzle, bei dem immer ein Teil des anderen am Ende fehlt. Manchmal denke ich noch an ihn. Nicht oft, aber ab und zu.

Denn ja: Er war mein Erster – mein erstes Mal richtig lieben.«

Aufgezeichnet von Amonte Schröder-Jürss

Mutlosigkeit

Harald*, 44:

»Mit 16 Jahren habe ich Jasmin bei einer Jugendfreizeit kennengelernt. Damals habe ich sie nicht großartig wahrgenommen, weil ich gerade anderweitig frisch verliebt war.

Zwei Jahre später liefen wir uns zufällig über den Weg. Mir fiel auf, dass sie viel Humor und einen wachen Verstand hatte. Wir wurden ein Paar. Kurz darauf reiste ich für zwei Monate nach Indien. Mit langen Briefen und Telefonaten überbrückten wir diese gefühlt ewige und nicht vorbeigehende Zeit. Als ich wiederkam, wurden wir das Traumpaar unserer Stadt: Wir waren so verliebt, teilten alles, lachten viel und konnten uns gegenseitig wahnsinnig gut zuhören und unterstützen. Wir waren beide unzufrieden mit unseren Eltern und mit der Welt, aber wenn wir zusammen waren, war das alles verschwunden. Selbst Auseinandersetzungen verliefen ohne großes Drama.

Knapp zwei Jahre später erfüllte sich Jasmin ihren Traum und reiste für vier Wochen nach Hawaii. Und obwohl ich so glücklich war, ließ ich mich währenddessen auf eine andere Frau ein. Mit ihr war es schnell vorbei, aber auch die Beziehung zu Jasmin beendete ich. Kurze Zeit später kam sie zu mir und versuchte, mich zu überzeugen, dass meine Entscheidung Unsinn sei. Ich aber fühlte mich wie gelähmt, mir fehlte der Mut zum Handeln. Anstatt zu schauen, was möglich gewesen wäre, war ich im Selbstmitleid versunken. Ich ließ viele Monate vergehen, bis ich zugeben konnte, dass ich einen Fehler gemacht hatte, und ich sie fragte, ob wir es noch mal versuchen wollen. Doch für sie war es zu spät.

Ich habe nie wieder etwas von ihr gehört. Eine solche Liebe habe ich nie wieder erlebt. Meine Beziehungen litten alle darunter; immer noch vergleiche ich andere Frauen mit ihr und frage mich rückblickend, wie es heute wäre, wenn ich damals mehr Klarheit und Reife besessen hätte. Den Mut, mich bei ihr zu melden, finde ich einfach nicht.«

Protokoll Franziska von Oppenheim

Wachgeküsst

Mathilde*, 54:

»Mein Mann und ich sind während des Studiums zusammengekommen. In den gemeinsamen Jahren haben wir uns geliebt, ergänzt, bereichert. Ich bin ihm unendlich dankbar für alles, was wir in den Höhen und Tiefen des Lebens erlebt haben. Vor dreizehn Jahren ist er verstorben. Er hat sich das Leben genommen. Da stand ich allein mit zwei kleinen Kindern. Mein Sohn war sechs Jahre alt, meine Tochter zehn. Für uns ist eine Welt zusammengebrochen. »Danke für eine gute Zeit« hatte er auf einen Zettel geschrieben. Er lebte seit Jahren mit Depressionen. Es ging ihm mal besser, mal schlechter, aber von Suizid hatte er nie gesprochen. Verstehen kann man so eine Entscheidung nicht, nur akzeptieren.

Zehn Jahre lebte ich in einem Trancezustand und habe nur noch funktioniert. Mein ganzes Augenmerk war darauf ausgerichtet, zu überleben und für die Kinder da zu sein. Ich gab ihnen Stabilität, Halt und Rückhalt. Die Sehnsucht, dass mich jemand in den Arm nahm, wurde in dieser Zeit immer größer.

Dann lernte ich einen Mann kennen, den ich interessant fand. Wir gingen spazieren, unterhielten uns. Es war ein Schritt hinaus in die Welt. Langsam entwickelte sich eine Freundschaft. Lange Zeit wollte ich nicht zulassen, dass wieder eine neue Beziehung kommen kann. Meine Kinder sind jetzt erwachsen, sie waren amüsiert, wenn ich glücklich wie ein verliebtes junges Mädchen nach Hause kam.

Der Mann, mit dem ich zusammen bin, ist verheiratet. Sie leben getrennt und lassen sich aus monetären Gründen nicht scheiden. Das kann ich akzeptieren.

Von Liebe zu sprechen ist schwierig. Jeder steckt in seinen bisherigen Erlebnissen und Erfahrungen. Es ist eine reifere Beziehung mit anderen Werten. Ich fühle mich wachgeküsst, meine Lebensgeister sind geweckt worden, und das genieße ich in vollen Zügen. Es ist traumhaft, dass ich das erleben darf.«

Aufgezeichnet von Franziska Herrmann

Rausch

Harald*, 66:

»Es imponierte mir, dass sie genau wusste, was sie will. Sie war 33 und stand fest im Leben. Ich war 25, Praktikant, gerade nach West-Berlin gezogen und noch auf der Suche. Wir arbeiteten auf einer Etage, es funkte schnell zwischen uns. Es war Sommer, der Himmel blau und ich verliebt. Jeden Abend fuhr ich mit dem Rennrad zu ihr raus, die Avus entlang nach Nikolassee. Morgens radelte ich übermüdet nach Hause, umziehen, dann zur Arbeit. Dort sollte niemand von uns wissen. Trotzdem trafen wir uns zum Knutschen im Aufzug. Kurz in den Keller und nach oben zurück an die Arbeit. Am Wochenende gingen wir im See baden, saßen bis spät in die Nacht auf der Terrasse. Es waren zwei Wochen riesiger Verliebtheit.

Mein bester Freund und ich hatten eine Reise nach Andalusien geplant. Ich war mir sicher, dass diese rauschhafte Zeit zu zweit danach weitergehen würde. Am vorletzten Abend rief ich sie aus einer Telefonzelle in Sevilla an. Ich freute mich, sie bald wiederzusehen. Als wir redeten, merkte ich, dass da etwas war, und bohrte so lange nach, bis sie mir sagte, sie wolle sich trennen. Bis zum Abflug am nächsten Tag war ich wie betäubt. Zu Hause erklärte sie mir dann, für sie sei alles eine schöne, aber kurze Episode mit vorbestimmtem Ende gewesen. Für mich aber war sie die große Liebe.

30 Jahre später besuchte ich sie. Sie lebte noch immer in Berlin, ich mit meiner Frau und zwei Kindern in Hamburg. Ich sagte ihr, wie wunderschön und wie hart es für mich war damals, im Sommer 1981. Ein halbes Jahr lang hatte ich gelitten, mich im Selbstmitleid verkrochen. Sie antwortete nur, es sei doch toll, dass ich die große Liebe erleben durfte. Und sie hatte ja recht: Wer weiß, was der Alltag aus dieser Liebe gemacht hätte. Wahrscheinlich bleibt die Erinnerung an sie als meine große Liebe gerade deshalb zurück, weil der Rausch zwar so kurz, aber so intensiv war!«

Aufgezeichnet von Julia Reinl

Zufall

Werner*, 63:

»Drei Jahre ist es jetzt her. Ich hatte an dem Abend eine Karte für ein Jazzkonzert in der Oper und war viel zu spät dran. Ich rannte die schon leeren Treppen hoch zum Konzertsaal, die Saaldiener klappten die Türen hinter mir zu. Und als ich an meinem Platz im Parkett ankam, war der schon besetzt. Hatte ich in der Eile falsch geschaut? Der Mann, der auf dem Platz saß, streckte mir seine Karte vor die Nase, er war sich sicher, dass er richtig saß. Ja, sein Ticket galt für diese Sitznummer und diese Reihe – aber im Rang, nicht im Parkett. Er räumte den Platz. Aus den Augenwinkeln sah ich, wie meine Sitznachbarin schmunzelte.

Als der erste Konzertteil zu Ende war, platzte es aus mir heraus, dass ich nun wirklich einen Weißwein verdient hätte und ob ich sie auf ein Glas einladen dürfe. Sie nahm die Einladung an. Erst jetzt bemerkte ich, wie attraktiv ich sie fand. Wir waren so ins Reden vertieft und versunken, dass ich das Glöckchen fast überhörte, das zum Ende der Pause klingelte. Unbedingt wollte ich das Gespräch mit ihr weiterführen. Zurück im Konzertsaal, suchte ich auf meinem Handy eine Bar in der Nähe heraus, in die wir im Anschluss dann noch gingen. Dort sprach uns sogar ein Paar an, ob wir uns gerade kennengelernt hätten – wir müssen ausgesehen haben wie zwei frisch Verliebte. Am Ende des Abends fragte sie nach meiner Nummer. In den folgenden vier Wochen schrieben wir uns und telefonierten. Das Interesse blieb. Wir wohnen 500 Kilometer voneinander entfernt und trafen uns auf halbem Wege für ein Wochenende. Seitdem führen wir eine Fernbeziehung. Ich habe nie zuvor bei einem Konzert einfach so eine Frau angesprochen. Ich glaube, ohne die Verspätung und die Aufregung um den Platz hätte ich sie gar nicht so impulsiv auf ein Glas eingeladen. Immer wieder erzählen wir uns jedes Detail dieses Abends und freuen uns über den Zufall, der uns ganz altmodisch zusammengeführt hat.«

Aufgezeichnet von Julia Reinl

Ein Antrag und seine Folgen

Eileen*, 33:

»Bevor ich Tobi kennengelernt habe, hatte ich viele schlechte Erfahrungen mit Männern gemacht. Lange habe ich Sex und Nähe verwechselt. Miteinander schlafen war für mich die einzige Möglichkeit, jemandem nah zu sein. Ich verliebte mich immer wieder in Narzissten und unnahbare Männer. Ein gesunder Mensch interessiert sich nicht für mich, dachte ich.

Anfang letzten Jahres erzählte ich hier in dieser Kolumne davon, wie ich diesem Teufelskreis entkam. Wie ich Tobi kennenlernte und mit ihm alles anders wurde. ›Ich weiß, dass ich ihn heiraten möchte. Ich muss nur noch den richtigen Moment finden, um es ihm zu sagen.‹ So lauteten die letzten Sätze des Textes.

Mit der Kolumne wollte ich Tobi zu unserem zweijährigen Kennenlernen überraschen. Ich hatte für den Tag einen Ausflug geplant, zum Hagelberg bei Bad Belzig. Er ist 201 Meter hoch und der höchste Berg in Brandenburg. Ich packte Sekt, das *ZEITmagazin* und statt eines Rings ein kleines Armband mit Blumensamen zum Aussäen ein. Zwei Stunden hat der Spaziergang vom

Bahnhof zur höchsten Stelle gedauert. Es war ein kalter, windiger Tag, und richtig gemütlich war es nicht. Oben habe ich ihm dann das Magazin in die Hand gedrückt. Als er die Kolumne gelesen hatte, fing er an zu weinen. Ich sagte ihm, wie verbunden ich mich mit ihm fühle und wie besonders der Respekt ist, den wir füreinander empfinden. Da hat er verstanden, dass es ein Heiratsantrag war.

Ende August haben wir geheiratet, draußen im Freien. Unsere Familie und Freunde haben geholfen, das Buffet vorzubereiten – am Ende hatten wir zwölf Kuchen. Es war wunderschön. Die Samen haben wir in unserem Innenhof ausgesät. Noch kann man die grünen Stängel nicht von dem übrigen Gewächs unterscheiden. Aber vielleicht wird dort im Frühling, wenn der Antrag ein Jahr her ist, eine kleine Blumenwiese erblühen.«

Aufgezeichnet von Franziska Herrmann

———————

»In der Liebe sei alles
möglich, schrieb er.«

———————

Bibliografische Information der Deutschen Nationalbibliothek
Die Deutsche Nationalbibliothek verzeichnet diese Publikation in der Deutschen Nationalbibliografie.
Detaillierte bibliografische Daten sind im Internet über https://d-nb.de abrufbar.

Für Fragen und Anregungen
info@rivaverlag.de

Wichtiger Hinweis
Ausschließlich zum Zweck der besseren Lesbarkeit wurde auf eine genderspezifische Schreibweise
sowie eine Mehrfachbezeichnung verzichtet. Alle personenbezogenen Bezeichnungen sind somit ge-
schlechtsneutral zu verstehen.

Originalausgabe
1. Auflage 2023
© 2023 by riva Verlag, ein Imprint der Münchner Verlagsgruppe GmbH
Türkenstraße 89
80799 München
Tel.: 089 651285-0
Fax: 089 652096

Copyright © Zeitverlag Gerd Bucerius GmbH & Co. KG

Umschlaggestaltung und Layout: Isabella Dorsch
Satz: Müjde Puzziferri, MP Medien, München
Druck: Florjancic Tisk d.o.o., Slowenien
Printed in the EU

ISBN Print 978-3-7423-2380-4

Wir produzieren
nachhaltig
www.m-vg.de

Weitere Informationen zum Verlag finden Sie unter

www.rivaverlag.de

Beachten Sie auch unsere weiteren Verlage unter www.m-vg.de